Note de l'auteur :

Amie lectrice, ami lecteur, pour bien faire et respecter l'agencement de ce recueil, veuillez, s'il vous plaît, commencer votre lecture de l'autre côté, à l'inverse de nos conventions occidentales.

C'est déroutant, je sais, mais c'est bien ainsi que je l'ai voulu. Bienvenue dans un monde déroutant qui n'est, sans doute, que le reflet d'une réalité qui n'est elle-même que le reflet de nos perceptions.

Merci de votre attention,

Lawrence Kouritz

FIN

« Où commence la fin ? »
Se demande l'escargot
devant le miroir

Grenouilles d'étang —
Une mouche imprudente pique
vers les nénuphars

La Lune est en friche —
Sous la croûte labourée
s'égrènent les étoiles

Un caillou dans l'eau
des ronds qui s'évanouissent,
Le visage du lac

Vers le soleil rouge
marche le royal cobra
mangouste à ses trousses

Rives de l'Oubangui
un hippopotame bonhomme
sort de sa baignoire

Saut carpé deux fois,
Au-dessus du lac tranquille
libellules en fuite

Bambous au travers
le chant clair de la rosée
surprend le matin

Tortueux sentier
comme le vieux chêne chenu sait
la route des étoiles

Arbres cacochymes
extasiés par les moineaux
gonflant leurs plumages

Brebis égarée —
Pourtant le bélier lui dit :
« Que tu es bêêle ! »

Brisures de riz —
Sur son caillou entêté
un étourneau mange

Vague d'hirondelles
dessinant à l'horizon
les contours d'une mer

Complices en tout lieu
deux moineaux bien peu sages
ébouriffent leurs plumes

Passage de camion
un hérisson tout tremblant
au bord de la route

Le beau petit chien
qui n’a qu’une idée en tête :
un os à ronger

Tout petit pigeon
fier rapace des trottoirs
ramasseur de miettes

Cigarette au bec
il se la joue aigrefin
le pigeon des villes

Brutes incongrues
claquement de sourcils,
Défie les martiaux !

Échanges de balles
troquons ces chiens de fusils
contre des raquettes

Parquet de bitume
scène de gare routière
ballet d'autocars

Au coin de la rue
une carotte géante scintille —
Bureau de tabac

Grand air acte II
dans l'ambulance qui gémit —
Opéromobile

Klaxons tempestifs
sirènes de police, pompiers —
Entre-temps, silence !

Macadam piétons
artificiels, décentrés —
L'amour dans tout ça ?

Parapet du pont
qui se comporte en sautoir —
La fin de mon temps

Les grands boulevards
ont la peau si rugueuse
serpents de bitume

Quand sonne l'horreur
la mer emporte la manche
d'hommes déracinés

La voici trotte-menue
fière comme une fille de ville
Madame la Misère

Assis près des voies
ils rejoignent les mondes
les trains de minuit

Comptant le fretin
oublié dans mes poches,
Je reste chocolat

Tu restes choqué là,
La vitrine bariolée
et tes poches vides

Élèves en pagaille —
Face aux pigeons du parc
de vieux souvenirs

Dans les points laissés
par sa canne de grand-mère
l'enfant voit une fleur

Visage au soleil
perdu dans les pensées
d'un très gros nuage

Les gens parlent tout seuls.
Avant ils étaient fous
normal de jour d'hui

Devant porte close
sandales, chausses, bottes, escarpins —
Métro heure de pointe

Belle fille au chapeau —
À quoi rêvent tes grands yeux
perdus dans la vague ?

Belle lune en lambeaux
vêtue de larmes de souillon,
Vas au bal ainsi ?

Perles irisées
comme autant de diamants
sur mon vieux chapeau

Rouille sur les branches
sous la pluie en cadence
de vieilles bicyclettes

Au bout du sentier
un incendie de forêt —
Ah ! L'odeur goûteuse

Pluie en disgrâce —
Le long de la gouttière
greffier en maraude

Canicule rampante
sourde complainte diatonique,
Les heures psalmodient

La pluie de juillet
coule sans un pli du toit
à la rivière

Miasmes délicats
la pluie lèche les trottoirs
des scories d'été

Hé ! Bouton de rose !
Serais-tu trop timide
pour ne point rougir ?

Ossements du vent
dans un ciel de courage —
Les nues vont crever

Cuite de printemps
pissat de primevère —
Une abeille danse

Moustiques lointains
végétatifs encore
sous la neige fondante

À demi dormants
les bégonias accroupis
attendant le bus

Grenades blanches
explosions de rires carmin
batailles de flocons

Pendus mal coiffés
squelettes garnis de linge —
Saules en hiver

La brume cocasse
s'effeuille entre les doigts d'un
hêtre décoiffé

Fraîcheur d'étoiles
comme linceul de proscrits —
Encore un vin chaud !

La ville alitée
sous des couvertures froides sous
l'œil indifférent

L'hiver revenu
blanchit éphémèrement
la mousse des toits

Première neige —
Premiers éclats de boules
sur nos anoraks

Première neige —
La route qui se blanchit
les cheveux aussi

Mines de moineaux
écrivant sur la neige
le vrai nom du vent

La bise fut venue —
À pas menus se brisent
des noix toutes gelées

Moins d'iris au parc
efflorescences en sommeil —
Tiens ! Voilà qu'il gèle

Verbes du frais matin
belles volutes de vapeur,
Dragons cracheurs de feu

Bouillon de légumes —
La pluie tombe amoureuse
sur les feuilles déchues

L'enfance est magique
le jour où il pleut des cordes
on veut faire des nœuds

Cours ! Tempête, cours !
Tant et si bien nos chapeaux
rejoignent le ciel

La date est tardive
le soleil monte encore haut,
Réchauffement d'air

Je quitte ma cuisine. Je quitte ma chambre. Dehors, il y a d'autres, légers ou effrayants. La terre est parfois nue, parfois couverte de sel et, dans tout ce chaos, il y a la vie. Je l'ai célébrée cent fois, elle en veut davantage. Mais quel plaisir en soi que de rester à l'affût de la plus petite parcelle de lumière.

Parfois, dans les vitrines, nos reflets nous distancent. Ils prennent un peu d'avance sur ce qu'il adviendra et qu'un observateur, un tant soit peu futé, finira par apprendre.

Après le soleil
la grande faucheuse glane encore
les étoiles fanées

Compulsives clartés
des aubes antimonesques —
Lendemain de cuite

Seul dans la cuisine
marmites lessivées, nickel —
Un cafard prend l'air

Comme de lourds présages
de pestilences à combattre...
Ce vent dans les draps

Au feu de chaman
un chat chafouin se chauffe —
Sublime soirée

Dans mon poing : de l'air !
Sur ce champ de bataille
les fleurs sont tombées

Liberté de rêve-
Anacondas espagnols
dansant la rumba

L'eau trouble le ciel
lorsque s'éventent les baleines,
Souffle tes bougies !

C'est sa voix rouge
comme capuche des ténèbres
qui damne le bourreau

Les greffiers sont gris —
Au bistrot du tribunal
les matous s'assemblent

Les magasins vides
guettent les gros containers
coincés à Shanghai

Vieillarde jeunesse
revenue de tout, blasée —
Marche pour le climat

Centre commercial
billevesées en pagaille —
Tout disparaîtra

Les doigts sur l'écran
muets comme des carpes —
Plus idiots encore

Moment gracieux
dans les yeux d'un enfançon —
Ouverture des portes

Grève illimitée
dans des transports très communs —
Lumière d'un sourire

« Parce que je rêve ! »
L'enfant, les yeux de sa mère,
ravit le monde, rires

Sur son tarin nain
crépitements d'étincelles —
Baiser d'Esquimau

Mardi ciel couvert
la jolie grenouille télé
joue les Cassandre

N'aimant pas les chats
grosses barriques paresseuses
ma souris se fait belle

J'ai tant vu le ciel
pâlir à l'évocation
du bleu de tes yeux

Café à la main
un canard prend l'escalier
qui mène à la chambre

Courbure d'une cuisse
au détour d'une œillade
esthétisme mutin

Ah ! Heureuse cocarde !
J'y composerai un chant de
petite mort joyeux

Sa toison crépue
long tremblement digital…
La nuit est trop fraîche

Connais la saveur
du coquillage discret
serti d'algue brune

Petite chevêche
réenchantant mon esprit —
Revêche est sa lune

Oh ! Je broie du noir
pour mieux nourrir le ventre
de mon pinceau

Végétal marin —
Je me laisse porter par
des courants d'ennui

Volets clos, bizarre !
La vieille est déjà partie
pour l'autre monde

Point de tricherie,
Les enfants ont pu goûter
des miettes à table

« Descends les poubelles ! »
Dans l'escalier du clapier
dix souris festives

Puces de ma cabane
quittez ce navire perdu !
Régime sec en cours

J'habite rue des Halles
avec toutes commodités
ni comorbidités

Un ciel gris naufrage
s'étale à perte de vue —
Pelle à poussière

Toute la poésie
a fui ma dame-jeanne —
Vapeurs d'alcohol

Sa mouche en majesté
sourit de l'impatience
des ses petites sœurs

Boules dans les sapins —
Tempétueuses bannières
comme arches de Noël

Sors de ta hutte
gentil bonhomme de neige !
Ton manteau tombe

Faire avec sa bouche
de somptueux nuages,
Discours vaporeux

Si d'argent je n'ai
en ce jour de libations
d'amour je déborde

Vieilles dames vivant seules
dans des maisons à 18 —
Bois de chauffage

Lente journée close
derrière les volets blanchis —
Dimanche hiverné

Fromage fondu —
Hallebardiers savoyards
au chaud d'un chalet

Tout assidûment
polis sont les poèmes.
Oh ! Flocons de neige

Sacrebleu, ça caille !
Flaque près de la cheminée
un bonhomme de neige

Lentes insomnies —
La neige tient bien au sol
la nuit sera blanche

Soupe d'ortie blanche —
Les fins de mois difficiles
comme légion d'enfer

Quand la neige tombe
les cendres de mon tabac
se sentent moins seules

Rond de fumée blanc
libre comme l'oiseau cocasse
de s'évaporer

Un manteau de fleurs
usé jusques à la trame,
Ce que porte demain

Premières lueurs
le soleil fige mon enfance —
La pie qui chante

L'œil ensommeillé
dans le soleil levantin
une chouette marmotte

« Où commence la fin ? »
Se demande l'escargot
devant le miroir.

Parfois, perdu dans le reflet, je me laisse aller à l'insoupçonnable : écrire. Des mots dans la tête qui bâtissent, bagarrent, bannissent et se rassemblent.

Parfois, perdu dans le reflet, mais qui contemple qui ? Qui est maître du jeu ? La main gauche devient dextre et le visage, un peu passé, me renvoie un pâle sourire. En y regardant plus profondément, je vois mes iris se peupler de pèlerins. Ces moments volés à l'insu des autres, pressés et distraits, confus et hors du monde. Vient la question centrale de toute vie que je prête aux pensées d'un gastéropode excentrique :

www.ingramcontent.com/pod-product-compliance
Lightning Source LLC
Chambersburg PA
CBHW070906160726
48004CB00003B/1266